Raymond Chatanay

Paradoxes

Youcanprint

Titolo | Paradoxes
Autore | Raymond Chatanay
ISBN | 9788831629348

Youcanprint
Via Marco Biagi 6 - 73100 Lecce
www.youcanprint.it
info@youcanprint.it

Introduction

à

'Paradoxes'

Le seul titre offre la promesse de découverte et d'amusement. Découverte parce que paradoxes, comme la matière noire, toute invisible qu'elle soit, est beaucoup plus omniprésente et complexe dans notre univers que nous aimerions le croire, et amusant, car il fournit essentiellement l' antimatière pour l'homme et ses prétentions.

Il a été au centre de l'histoire de l'humanité de chercher l' ordre et d'imposer l'ordre sur l'Univers et dans le monde immédiat autour d'elle. À cette fin, l'homme depuis l'aube des temps, a mis au point une pléthore de religions et de statuts juridiques , de conventions sociales ; hélas en vain. L'Ordre de l'Univers n'est pas l'Ordre de l'Homme. A ce jour les guerres meurtrières au nom de la « paix », les traitements médicaux se révèlent souvent plus mortels que les effets qu'ils ont été sensés combattre, ainsi que les efforts visant à stimuler la production alimentaire tandis que la famine afflige des millions d'êtres ; la liste est longue , presque infinie.

Dans cette collection brève mais concise, le Dr Raymond Chatanay a présenté au lecteur avec un peu d'humour des exemples précis. Comme il a été reconnu, entre autres par cf. La loi de Murphy et la loi de Parkinson, l'humanité ne règle pas l'Univers, en effet, il a du mal à gouverner même l'ordre de ses affaires quotidiennes. Comme la gravité la force immuable de Paradoxes n'échappe pas à cette règle. Ce pamphlet est une invitation au lecteur à élargir le répertoire de la démesure humaine.

Richard Williams

Ogiwara, Chiba. Japon

30 Avril 2019

(Dernier jour de l'ère Heisei)

L'invasion programmée

En 1944, la France commençait l'épuration pour intelligence avec l'ennemi d'alors, l'Allemagne. Plusieurs milliers de français furent passés par les armes, d'autres emprisonnés, des femmes par milliers tondues et vouées à la vindicte populaire. Cette politique fut pratiquée dans tous les pays ex alliés de l'Allemagne d'alors.

Aujourd'hui, en 2018, l'envahisseur vient du Maghreb ou de l'Afrique, il n'a pas de fusils, mais de faux documents ou pas de document du tout.

A charge de la société, il coûte de véritables fortunes et se multiplie, utilisant la politique du Coucou, oiseau bien connu qui dépose ses œufs dans un nid qui n'est pas le sien.

La complainte du pauvre immigré est chantée chaque jour, sur toutes les chaines de télévision, et sur toutes les radios, ceci au niveau européen.

L'attitude anti émigrants, qualifiée de racisme, est assimilée au fascisme et à l'antisémitisme.

L'islam qui est la religion de la majorité des soldats de cette armée sans fusil renforce chaque jour ses positions. En fin décembre 2018, le Conseil de l'Europe a reconnu la charia ou loi coranique comme valable pour les populations musulmanes vivant en Europe.

Le crédo officiel est que le pauvre migrant est persécuté dans son pays d'origine, alors que ce ne sont que pour la plupart des clandestins bien entraînés, endoctrinés afin de porter l'uniforme de martyr de la liberté.

Les ONG s'en sont fait une spécialité, dont quelques-unes financées par Georges Soros.

Pendant ce temps, les armées officielles des pays de la Communauté Européenne vont faire la chasse au terrorisme dans les pays d'où justement l'armée sans fusils a son origine.

Ce genre d'intervention est une dépense folle et disproportionnée.

Les églises officielles avec en tête le Vatican font de la surenchère, spécialement la veille des fêtes religieuses ou non, en faisant visionner plusieurs fois par jour le petit africain au ventre dilaté qui n'a pas eu sa ration de lait stérilisé.

La hélas trop fameuse Merkel, en une seule année, a fait arriver plus d'un million de ces clandestins sur le territoire allemand, invoquant les talents cachés et merveilleux de ces populations, qui à l'entendre sont d'un apport vital pour l'Europe.

Mais quelle Europe ? L'Europe où des millions de citoyens de souche sont au chômage et des millions d'autres dans une pauvreté chronique.

La Grande Bretagne et la France possèdent l'arme nucléaire ainsi que les vecteurs nécessaires à son utilisation, mais contre qui ?

Les armées des polygamefells qui nous ont déjà envahis, peuvent bien se moquer de nous, ce qu'ils font en permanence, on peut les comprendre !

La théorie de Kalergi véhiculée par les dictateurs en herbe, qui volent les populations de l'Europe peuvent être fiers. Le pacte de Marrakech en est le chef d'œuvre, adopté par plus de 150 pays en fin 2018, il sera l'épée de Damoclès pour les Etats réticents et non signataires de ce pacte soi-disant non contraignant.

La pire des choses est que tous ces braves clandestins deviennent ipso facto citoyens à part entière des pays qui les accueillent.

La solution est difficile à trouver, il y en aurait une pourtant, drastique et sans appel, mais qui voudrait l'appliquer ?

En attendant, la délinquance due à ces populations augmente exponentiellement. Cette délinquance a deux visages principalement, une criminalité directe, vols à mains armées, viols ; l'autre activité parmi d'autres crimes en tout genre, c'est l'escroquerie aux prestations sociales.

Le magistrat Charles Prats, spécialiste de la lutte à la fraude fiscale et aux assurances sociales en ce qui concerne la France, a parfaitement expliqué le mécanisme en place depuis 2011. De faux documents d'origines malienne, algérienne, marocaine, congolaise, ont permis de percevoir illégalement une moyenne de 17 milliards d'euros par an jusqu'à aujourd'hui en décembre 2018.

Elle concernait 1.800.000 individus, tous immigrés et clandestins.

Allons, dormons tranquille, nous avons de beaux petits soldats, bien habillés, bien nourris, qui n'hésiteront pas à tirer sur les populations autochtones au cas où elles devraient se rebeller et sur les paysans qui empêchent la construction d'aéroports inutiles comme celui de Notre Dame des Landes.

Nous avons la chance d'avoir sur notre sol des illégaux aux qualités superbes à en croire les promoteurs de cette invasion, les remplaçants de la population autochtone, alors bienvenue pour l'élimination des blancs et des chrétiens. Vous en avez la faculté, la chasse est ouverte.

Les beaux mariages

Du XII siècle jusqu'au XVIII siècle, la sodomie et la pédophilie étaient punies de mort, le bûcher était le modus operandi que les autorités utilisaient pour réprimer ce qui était alors un crime.

Il est important de ne pas oublier que l'ordre du temple a été démantelé par Philippe Le Bel en invoquant les crimes de sodomie dont les templiers se seraient rendus coupables. Ce traitement était réservé aussi bien pour les nobles que pour les manants.

En 2018 et cela depuis plusieurs années, le mariage entre hommes est devenu une mode chic, le mariage entre femmes aussi. La loi Taubira d'ailleurs rend légales ces unions en France.

Le Vatican donne l'exemple, car parmi ses membres, nombreux sont ceux qui ont convolé en justes noces avec l'onction bienveillante d'un prêtre de service.

La zoophilie est aussi une branche à la mode. Quant à la pédophilie, l'église catholique en remporte le triste record mondial.

Les détracteurs de ces joyeuses pratiques sont assimilés aux antisémites, ils risquent la prison ferme ou la mort politique.

Aujourd'hui, si cette loi devait être de nouveau appliquée, au Vatican et dans la pépinière des dirigeants incapables et des stylistes surdoués il y aurait de grands vides et beaucoup de cendres.

Nous avons de beaux jours devant nous, vive le plaisir des dieux.

Le mythe du bon sauvage

Le 18 juillet 2018, un article paru dans le magazine Marianne, traitait de la littérature africaine, en l'occurrence, d'un roman intitulé « Le devoir de violence ».

Ce livre publié en 1968 dont l'auteur était Yambo Yougolem, docteur en Sociologie de l'Université de la Sorbonne. Malien, installé à Paris, son auteur obtiendra le prix Renaudot, devenant ainsi célèbre.

Ce livre hors du commun, traitait des rapports inter-sociaux entre les différentes ethnies africaines et les marchands d'esclaves arabes entre le X et le XVIII siècle. L'histoire se terminait à Paris dans une famille d'émigrés africains au XX siècle.

Bien que ce livre fût un chef d'œuvre, les détracteurs de tous bords montèrent au créneau pour le dénigrer.

En effet, la faute indélébile du méchant blanc mangeur d'Afrique était vraiment réduite à des proportions minimes.

Ce livre ne fut plus jamais réédité, les éditions du Seuil l'enveloppèrent dans un linceul de silence.

L'auteur s'en retourna au Mali pour y finir ses jours en 2017.

Parallèlement à ce récit, je lisais les lettres rédigées par Pietro Martyr d'Anghiera (Lettres de Pietro Martyr d'Anghiera, relatives aux découvertes maritimes des Espagnols et des Portugais). Son auteur 1457-1526, avait été le découvreur du Gulf Stream en 1512.

Géographe et grand voyageur, sujet du Roi d'Espagne vivant en Italie, il entretenait une vive correspondance avec les savants et explorateurs de l'époque.

Dans une de ses lettres à Christophe Colomb et à Jean Borromée comte du Lac Majeur, il s'étonne de l'élevage d'êtres humains pratiqué par de nombreuses tribus africaines. Ces créatures après avoir été capturées dans les tribus voisines, sont castrées et engraissées dans des enclos comme des porcs. Mangées de différentes manières, rôties ou transformées en jambons et saucissons ni plus ni moins ainsi que le font les Espagnols et les Portugais.

Les moins comestibles et les femmes seront vendus aux arabes comme esclaves.

Je cite bien sûr in extenso l'auteur des lettres, Pietro Martyr.

Nous sommes bien loin du mythe du bon sauvage de Rousseau et du mauvais blanc qui aurait corrompu les mœurs du bon noir.

Stanley, à la recherche de Livingstone, a été contraint de manger du rôti africain avec son guide, un pasteur blanc. Les corps étaient embrochés, sans tête, sans mains et sans pieds, éviscérés.

Feu l'Empereur Bokassa, plus récemment ne dédaignait pas de manger de la viande humaine qu'il entreposait dans des congélateurs géants.

Avec les populations africaines en augmentation exponentielle sur le sol européen, ne serait-il pas juste d'autoriser le cannibalisme ?

Seulement les blancs seraient mangés, car il y en a trop.

Le Conseil de l'Europe a bien reconnu la charia en fin décembre 2018.

Il y a tellement de chômeurs, tellement de pauvres que ce serait un devoir que de créer le parti des anthropophages.

L'Etat devrait y songer sérieusement, il économiserait les allocations en tout genre, assorti d'une nouvelle loi pour la récupération gratuite des organes, foies, poumons, yeux, cœurs. Ces organes seraient facturés à prix d'or, ce qui permettrait de financer les banlieues afin d'éviter que la banque Morgan ne le fasse. Sans doute que les cannibales éclairés ne seraient pas tous contents, en effet les parties nobles confisquées par l'Etat seraient assimilées à une nouvelle taxe.

Vive l'Europe.

Les USA dans les banlieues en France

Alors que le cavalier de l'Apocalypse à la tignasse jaune caracole le long de son mur à la frontière entre les USA et le Mexique afin de bloquer l'immigration, en France il organise dans les banlieues comme à Bobigny de curieuses interventions.

La France, selon les USA, est le pays le plus raciste du monde, il faut donc l'éduquer. L'abolition de l'esclavage aux USA a été promulguée en 1896 par la Cour Suprême avec les lois Jim Crow.

Cependant, ipso facto, cette loi instaurait la ségrégation sous le thème séparés mais égaux !

Basée sur l'interprétation de la Genèse, chapitre 9, verset 27, la ségrégation allait durer officiellement jusqu'aux années 1960.

Les USA, qui ont exterminé les peaux rouges indigènes et commis des crimes sans noms, s'acharnent sur l'Europe et en particulier sur la France avec une haine inextinguible.

N'oublions pas que Roosevelt durant le deuxième conflit mondial n'avait qu'un objectif, casser les reins de la France à travers des bombardements qui détruisirent les infrastructures industrielles. Proportionnellement, les dommages procurés par les Allemands furent minimes.

Pourquoi cet acharnement, sans doute un complexe d'infériorité intellectuelle, une forme d'indigence intellectuelle.

Le plus curieux est que le Royaume de France avec Louis XVI mit à la disposition des insurgés des forces considérables, qui leurs donnèrent l'indépendance.

Mais retournons à nos banlieues en France. Bobigny qui depuis 1920 avait toujours été administrée par le parti communiste, est passée sous le joug de l'UDI (Union des Démocrates Indépendants) ceci en 2014.

L'Open Society Foundation, President Georges Soros, a organisé ce changement.

La Banque JP Morgan travaille aussi sur ce projet investissant en 2017 un montant de 60.000.000 d'euros à Bobigny.

Nombreux sont les jeunes d'origines magrébines et africaines qui sont allés aux USA tous frais payés, par Soros et JP.Morgan, afin de bénéficier de l'enseignement de la doctrine Saul Alinsky (1909-1972).

Cette doctrine aurait pour but de faciliter l'intégration des afro français et des magrébins musulmans. Appliquée à Chicago et dans certains ghettos, cette doctrine a déjà eu des effets pervers surtout en France où elle a financé la naissance de l'union des démocrates musulmans de France.

Ne pouvant décemment pas noyer la France sous une pluie nucléaire, ce serait contraire aux lois du marché dans ce contexte actuel, les USA ont choisi d'utiliser les techniques de Sun Tsu. Illustrées dans son livre « L'art de la Guerre » (554 BC), ces techniques sont avant tout basées sur la désinformation et la destruction des valeurs traditionnelles à n'importe quel prix.

« Avant que je n'ensanglante ma lame, mon ennemi s'est déjà rendu » (Sun TZU).

Les dirigeants actuels sont tous des pions sur cet échiquier.

Les récentes manifestations de 2018 et 2019 en France en sont l'exemple parfait. La suite sera plus cruelle encore

Le Juif errant est arrivé

C'est le titre de ce paragraphe et c'est aussi le titre d'un livre d'Albert Londres publié en 1929.

Albert Londres, journaliste célèbre pour ses enquêtes sur les bagnes et les ghettos juifs en Russie et en Pologne, avait milité toute sa courte vie contre les injustices en tout genre.

Ses reportages sur les bagnes amenèrent à la fermeture du bagne de Cayenne. Pour les ghettos juifs, ses reportages sensibilisèrent l'opinion publique pour l'établissement d'une colonie sioniste en Palestine.

Edmond de Rothschild, après avoir adopté la cause du sionisme, commença par acquérir des terres en Palestine en 1882.

Théodore Herzl, le père du sionisme, avait déjà rendu publique cette espérance dans son livre « L'état des Juifs », publié à Bâle en 1891.

Une fois l'Empire Ottoman morcelé, les sionistes affluèrent en Palestine.

La déclaration Balfour, du 4 novembre 1917, devait concrétiser ce projet en établissant les premiers colons sionistes en Palestine alors sous mandat britannique.

Dans son livre, Albert Londres avait prévu des tensions inévitables entre palestiniens et juifs sionistes qui commencèrent à lutter contre le mandat britannique.

En effet, la population des palestiniens d'alors était plus nombreuse que les premiers colons sionistes qui revendiquaient chaque jour de nouvelles terres palestiniennes.

Dans ce livre, l'auteur s'étonne du pli que prennent les événements en ces termes : « Comment toi, Juif mon ami, persécuté partout en Europe, victime de nombreuses injustices, tu t'apprêtes à organiser des crimes sur cette terre de Palestine, afin d'en avoir la possession complète ».

Curieusement, ce journaliste, au retour d'un long voyage fut assassiné à Aden dans des circonstances jamais élucidées. Officiellement dans l'incendie du navire qui le ramenait en Europe.

Les tensions en Palestine allèrent croissantes, avec l'arrivée de nouveaux colons qui bénéficièrent d'un grand capital de sympathie après les persécutions allemandes.

La lutte contre le mandat britannique se faisait chaque jour plus féroce de la part des sionistes.

En novembre 1944, Lord Walter Moyne fut assassiné par la bande Stern de Yisak Shamir et l'Irgoun de Menahem Begin (Begin qui deviendra premier Ministre d'Israël en 1977)

Le 26 juillet 1946, la bande Stern, l'Irgoun font sauter à la bombe l'hôtel King David à Jérusalem. Bilan 91 morts britanniques.

Le 09 avril 1948, dans le cadre du plan Daleth, le village de Deir Yassin fut attaqué par la bande Stern, l'Irgoun et la Haganah, 245 habitants furent massacrés, hommes, vieillards, femmes et enfants.

L'Irgoun et la bande Stern de Menahem Begin attaquèrent Jaffa entre décembre 1947 et le 14 mai 1948, plus de 900.000 arabes palestiniens furent expulsés, leurs maisons détruites à l'explosif.

Obligés de fuir par la mer, des centaines de Palestiniens se noyèrent, jetés aussi à l'eau par l'Irgoun et la Haganah.

Le comte Bernadotte, qui avait protégé les juifs en Europe durant le deuxième conflit mondial, fut désigné comme médiateur afin de trouver une solution en Palestine.

Il fut assassiné près de Jérusalem, le 17 novembre 1948, par un commando de 3 membres de la bande Stern.

Tous ces crimes restèrent impunis. Le mandat britannique pris fin en 1947.

Depuis la création de l'Etat d'Israël en mai 1948, un véritable génocide s'est mis en place avec la bénédiction des USA et d'une grande partie du reste du monde. Tout ceci au nom du droit à l'existence du peuple juif.

Le peuple juif n'est en fait qu'un mythe, je cite in extenso, l'écrivain et historien Israélien, Slomo Sand, né le 10 octobre 1946 à Linz en Autriche. Son livre « Comment fut inventé le peuple Juif » publié chez Fayard en 2008 est clair et précis à ce sujet.

L'auteur apporte des preuves irréfutables que les juifs ne sont que les membres d'une religion, le peuple juif n'ayant jamais existé que dans l'imaginaire surtout après les campagnes fructueuses de Théodore Herzl depuis 1891.

Par contre, la religion hébraïque a conquis de nombreux prosélytes qui ont diffusé cette religion dans de nombreuses régions du monde y compris en Russie où Ibn Battuta le grand voyageur arabe fut surpris de trouver des juifs au fin fond de la Russie, ceci en 1336 AD.

Le sionisme est une stratégie qui a fonctionné au-delà de toutes les espérances les plus folles.

Aujourd'hui, les immigrants illégaux pour l'Europe s'en servent, même s'ils n'ont pas le capital inaliénable de sympathie et de soutien que les juifs ont reçu depuis 1945.

Les Arméniens ont été exterminés par les Turcs, mais cela semble normal.

En France, ces jours-ci, c'est-à-dire janvier 2019, il est fortement question de donner aux islamistes une certaine partie du territoire français afin qu'ils puissent vivre leurs vies dans un contexte purement islamique.

Ce qui ferait devenir la France ipso facto le premier pays en Europe colonisé officiellement par les musulmans.

De toutes façons, les temps sont venus pour la fin de l'Homme sur la Terre, je dirai presque, heureusement.

Les nouvelles guerres des Etats contre les citoyens

Alors que les mesures en tous genres contre les citoyens, en particulier contre les automobilistes, progressent et se font chaque jour plus inventives au nom de la sauvegarde de la planète, les voyages à bas coûts connaissent une progression exponentielle, comme si les avions n'étaient pas une des sources de pollution la plus importante. La taxe carbone, une immoralité faite loi, comme si le fait de payer faisait évaporer l'oxyde de carbone annulant ainsi ses effets. Mais le carburant destiné aux aéronefs est exonéré de taxes. Il est important de savoir que les 97 navires de croisières les plus grands du monde, produisent une pollution égale à celle de deux cent soixante millions de voitures en Europe.

Les gouvernements ont installé des systèmes qui sont le paroxysme de la folie humaine. L'apocalypse, selon Saint Jean, n'est qu'une aimable promenade comparée à ce que chaque jour nous vivons grâce à la démagogie savamment orchestrée des pouvoirs en place, y compris les religions qui sont en premières files pour revendiquer leurs prébendes.

Les révolutions, plus particulièrement celle de 1789 en France, ne peuvent porter qu'à sourire, la lutte contre les privilèges et l'égalité des citoyens sont des farces d'une vulgarité extrême qui cependant trouvent un consensus sous la direction des orchestres de la désinformation jouant chaque jour leurs partitions.

Mais où se cachent-ils donc ces chefs d'orchestres ? D'où viennent-t-ils ?

Et le compositeur, ce médiocre compositeur, aura-t-il le temps d'encaisser ses droits d'auteur ?

Je l'accuse, qu'il soit dieu ou diable, je l'accuse de crimes contre le vivant, contre la vie dans toutes ses formes jusqu'à celles les plus infinitésimales.

C'est une accusation qui n'est pas à la mode, le crime contre le vivant n'existe pas encore. Seul le crime contre l'humanité est à la mode depuis Nuremberg.

Mais depuis quand l'ex homo sapiens est-il le centre de l'Univers ?

J'ai quelques amis, fourmis, araignées, écureuils, rats, merles, vers de terre, couleuvres, et beaucoup d'autres encore ; ils ont décidé de célébrer le jour de la mémoire le 11 octobre de chaque année à venir.

Henri Fabre, le père de l'entomologie, qui était l'ami de ces créatures est décédé en effet le 11 octobre 1915. Les insectes du monde entier ont décidé de l'élire président de leur fondation. L'insecticide est un des crimes qui n'est hélas pas encore contemplé par la Convention de Genève.

De l'esclavage antique à l'esclavage moderne

Au temps de la splendeur de Rome, l'esclavage apportait une importante contribution au développement de l'Italie d'alors. Au troisième sièclc BC, un esclave coûtait en moyenne 2.000 sesterces, alors qu'un légionnaire romain recevait une solde de 760 sesterces par an.

Le maître de l'esclave avait cependant le droit de vie ou de mort sur ses esclaves.

Le maître était tenu de pourvoir à la nourriture, au logement et aux soins médicaux de son parc d'esclaves.

Au premier siècle BC ; le droit de vie ou de mort sur l'esclave fut supprimé.

Cette situation perdura jusqu'au IV AD, où l'esclave pouvait se faire baptiser comme chrétien, sans toutefois être libre, tout ceci bien sûr avec l'accord de l'église catholique. Au Moyen-Age continua une autre forme d'esclavage appelée servage, ceci dans toute l'Europe.

Le serf comme l'esclave pouvait être affranchi par le seigneur à qui il appartenait.

Jusqu'à la Révolution Française, l'esclavage et le servage perdurèrent malgré son abolition officielle par les Français et les Anglais. A cette époque, la traite des noirs était florissante pour fournir la main d'œuvre nécessaire aux plantations de cannes à sucre et de coton.

Au XVIII siècle, l'esclavage de fait avait pratiquement disparu en Europe tandis qu'apparaissait avec les idées humanistes un homme nouveau, l'homme libre.

Mais quel était le prix de cette pseudo liberté ?

L'homme soi-disant libre devait d'abord pourvoir à son logement, trouver du travail pour chercher à se nourrir, perdant toute réelle protection juridique.

Pendant ce temps, naissait l'industrie et sa compétition afin de trouver une main d'œuvre, le meilleur marché possible, permettant aux nouveaux maîtres de s'enrichir facilement aux dépens de la masse des exploités qui allaient prendre bientôt le nom de prolétaires, ouvriers, contremaîtres, cadres, au lieu de celui d'esclaves. Les pirates barbaresques eux, allaient encore jusqu'en Europe razzier les côtes méditerranéennes, réduisant en esclavage ses habitants. Ce fut une des raisons de la prise d'Alger par les Français en 1830.

Les Arabes, eux, continuèrent cette industrie qu'ils pratiquent encore en 2019, aidés par les différentes ethnies africaines qui ont toujours depuis des siècles, pourvues à la demande arabe.

L'homme libre allait devoir acquitter l'impôt, payer des taxes diverses, devenir soldat avec la conscription.

Ensuite subir la dictature des syndicats apparemment créés pour sa défense ; affronter le chômage, la malnutrition, la maladie.

Le droit à la propriété s'affirmant, l'esclave moderne pour s'offrir une cage de rêves en béton à première vue sans barreaux, doit s'endetter à vie et jusqu'après la mort ; en effet, les taxes de successions sont devenues exorbitantes.

Bien sûr, il y a la promotion sociale et le droit de vote, suprême condiment pour assaisonner de sauce démagogique la vie de l'ancien esclave.

Les écoles et les universités ne forment que ceux qu'elles veulent bien former à leurs avantages.

De ces moules sortiront les futurs dirigeants politiques, caisses de résonances des pouvoirs en place ainsi que des religions.

En plus de cela, les salaires, mêmes importants, ne permettront jamais à l'ancien esclave de s'affranchir, mais seulement d'acquérir des biens plus coûteux qui iront augmenter le trésor des Ali Baba du pouvoir absolu.

L'illusion d'être libre ou plutôt la certitude de l'être est chantée plusieurs fois par jour durant les messes télévisées, afin que chaque palais y trouve son goût préféré.

Le cinéma, lui, renchérit avec ses cohortes d'acteurs aux bracelets constellés de diamants, ils ne sont en fait que des esclaves de luxe.

La peine de mort a été pratiquement abolie à part quelques pays dont les U.S.A. Après quelques décennies d'emprisonnement, le coupable est sacrifié à l'aide de différents moyens d'exécutions parfois indolores.

C'est vraiment une belle société, libre et démocratique, qui chaque jour regarde à travers ses fenêtres les nuages qui en silence passent.

Le tour de force de l'abolition de l'esclavage est merveilleux, on a des esclaves modernes qui payent pour l'être, au lieu d'être vendus et achetés sur les antiques marchés d'esclaves.

Vive la liberté

Gladiateurs et modernes idoles du stade

Les combats de gladiateurs au temps de la Rome antique étaient un spectacle à la mode où s'affrontaient parfois jusqu'à la mort les protagonistes dans l'arène.

A l'origine, bien que souvent esclaves, prisonniers ou condamnés à mort, ils comptaient parmi eux des hommes libres, y compris des membres de la noblesse.

Ces derniers, renonçant à leur rang pour dettes ou autres motifs évitaient ainsi un certain ostracisme à leurs égards de la part de leurs pairs. Cette profession pouvait parfois rendre riche et célèbre.

Soumis à un entrainement long et coûteux, les gladiateurs étaient considérés comme une marchandise de prix, pour cette raison, les mises à mort n'étaient pas communes.

Le gladiateur avait d'ailleurs un contrat qui le liait à son imprésario. Des médecins veillaient sur lui. Lorsque ses blessures n'étaient pas mortelles, il était soigné jusqu'à sa guérison.

A l'issue de son contrat, le gladiateur pouvait recouvrer sa liberté, même si il était esclave.

Ces vedettes du stade jouissaient d'une réputation telle, que lorsque qu'ils avaient atteint la renommée, il n'était pas rare que des admiratrices quittassent leur famille pour vivre leurs passions, ceci même pour des femmes mariées de nobles origines.

Aujourd'hui, les dieux du stade sont personnifiés par les footballeurs qui souvent présentent de curieuses similitudes avec leurs prédécesseurs. Les joueurs de tennis, les pilotes automobiles et parfois les lutteurs de Sumo peuvent aussi devenir des dieux du stade, ils ont cependant des origines sociales diverses, beaucoup moins humbles que les rois du ballon rond.

Ces rois du ballon rond proviennent de différents continents, le dénominateur commun entre eux est l'origine sociale ; lorsque elle n'est pas humble, elle est parfois misérable au dernier degré.

La compétition est féroce, mais une fois consacrés sur l'autel de la célébrité, ils deviennent véritablement les dieux du stade avec des revenus qui représenteraient des siècles de travail pour un ouvrier moyen. Bien entendu les cortèges d'admiratrices sont nombreux.

L'Italie et le Brésil sont hélas les exemples parfaits de cette nouvelle religion qui plusieurs fois par jour célèbre son office dans les stades du monde entier. Diffusées partout grâce à la télévision, ces messes sont suivies par des centaines de millions de fidèles qui ont oublié que lorsque le soleil se couche, les étoiles parfois brillent, si toutefois il n'y a pas de nuages.

Tiers monde et publicité

L'Europe consacre en moyenne 128 milliards de dollars par an à l'Afrique sans compter les financements des ONG qui en permanence martèlent le public avec des slogans bien étudiés sur les écrans des télévisions, souvent à l'heure des repas.

Le petit Africain au ventre gonflé, ses nombreux frères et sœurs, en moyenne plus de 7 enfants par épouse, qui n'ont pas accès à l'eau potable. Les mamans éplorées essayant d'alimenter des enfants cadavériques avec des seins qui ne le sont pas moins.

L'église catholique s'en donne à cœur joie et récolte une manne dont les hauts prélats s'alimentent volontiers pour élever leurs âmes.

Parallèlement un autre cirque publicitaire bat son plein, les écrans télévisés sont inondés de publicités pour des nourritures terrestres et bolides en tous genres, relayés par les radios et journaux du monde entier, ceci tout au long des jours et des nuits.

Le chocolat, les pâtes, le poulet, les joyeux filets de poissons congelés, les alcools, la lessive miracle,.....et j'en passe.

Cela représente des sommes fantastiques qui seront payées par le consommateur sur le produit qu'il achètera demain. L'emballage lui aussi a un coup qui n'est pas négligeable.

Les lames de rasoir et leur monture, représentent un des cas parfait de gaspillage, le métal des lames ajouté au plastique de qualité, qui seront jetés après quelques usages au lieu d'être récupérés et recyclés systématiquement.

L'alimentaire, lui défie toute morale, les poussins mâles écrasés par millions, les excédents, les invendus des supermarchés qui représentent des quantités colossales de nourriture s'évanouissent dans la nature. Pendant ce temps, le FMI, les politiciens, qu'ils soient de gauche ou de droite chantent en cœurs les te deum du développement et de la croissance. L'orchestre, lui est américain, qui sans une surproduction constante verrait son modèle de société et de domination du monde s'écrouler ainsi que son empire. La folie qui consiste à expédier des voitures en orbite est aussi un gaspillage fou d'énergies, la majorité des satellites à part les militaires sont tous dédiés à la communication et par-delà à la publicité.

Hier, les Israéliens ont essuyé un échec, la sonde expédiée sur la Lune s'est écrasée sur le corps de la reine pâle.

Au milieu de tout ce chaos, ne serait-il pas juste de citer la Lune à comparaître pour antisémitisme au tribunal international ?

Incendies et politiques incendiaires

A la lueur de l'incendie qui a ravagé une partie de Notre Dame le 15 avril 2019, à Paris, avec les émotions justifiées par cet événement de par le monde, on est en droit de se poser des questions et surtout de réfléchir aux vicissitudes liées à la condition humaine.

Cet incendie, quoique de dimensions modestes, malgré ses ravages, cet incendie a un côté apocalyptique. Il met en évidence l'impossibilité de dompter ces phénomènes à un niveau local, pendant que le reste du monde joue au pyromane et que ses dirigeants distribuent çà et là des allumettes et de la poudre qui n'est pas de la poudre à Perlimpinpin.

Qui sera jamais capable de dompter le feu nucléaire et ses conséquences, où sont-ils donc ces pompiers inconnus veillant à chaque instant sur les milliers d'incendies qui en silence couvent, pour se déclencher sans préavis.

Le plus triste et dramatique de tout cela, c'est que les politiciens de tous bords alimentent avec cet événement la fournaise de leurs folies clientélistes.

Si cet évènement est dû au hasard, il est ignoble d'en tirer parti, si cet événement a été créé, c'est encore pire.

Les foyers incendiaires en Palestine, en Iran, au Yémen, en Amazonie en Lybie pour ne citer que les plus visibles, sont là, sous nos yeux, cependant, personne ne s'émeut.

Quasimodo le bossu de Notre Dame, ne pourra plus faire sonner les cloches de cette Dame Blanche, comme l'appelait Victor Hugo.

Où est-il donc le sonneur de cloches qui devrait sonner le tocsin, avant qu'il ne soit trop tard pour le reste du monde.

De l'empire Romain à l'empire Américain

L'empire Romain a commencé en 27 BC pour se terminer en 476 AD. Même si la domination sur une partie du monde par un pouvoir incontesté jusqu'alors, n'était pas sans dommages pour les cultures des peuples passés sous le joug de Rome, les populations n'avaient pas ce niveau d'abrutissement collectif qu'elles ont aujourd'hui.

Des ruines de cet empire allaient naitre l'empire Byzantin et ensuite l'empire Carolingien. Fragmentés, ces empires allaient former de nouvelles nations qui façonneraient l'Europe plusieurs siècles plus tard face à l'Empire Ottoman. Les principaux acteurs européens, britanniques, français, allemands, hollandais, espagnols, eux se tourneraient vers l'Amérique de Christophe Colomb, où allait se créer après la guerre d'indépendance contre l'Angleterre, les USA. La France possédait encore la Louisiane qui représentait environ un tiers de l'Amérique du nord, tandis que les territoires du Canada avaient été cédés en presque totalité à la Grande Bretagne par le Traité de Paris en 1763. Le 20 avril 1803, la France vendait pour 20 millions de dollars de l'époque la Louisiane, permettant ainsi aux jeunes USA de devenir un ensemble géographique cohérent.

Dans ce pays de plus de 9.000.000 de Km carrés en 2019, avec une densité de 47 habitants au Km carré, il est paradoxal de constater que depuis leur création, les USA ont mis sur pied un système de production capable d'alimenter et de contaminer tous les habitants de ce navire spatial qu'est encore la Terre.

Le vasselage de toutes les nations avec l'aide de ce petit pays fantoche, situé au Moyen Orient, qui est une épine dans le pied de tous les peuples de la Terre est le crime le plus odieux jamais perpétré depuis la nuit des temps.

Analyser la culture de masse des USA qui s'est propagée comme les supermarchés est tout aussi instructif. Nous y voyons la prévarication permanente, l'absence totale de scrupules en s'appropriant les terres indiennes. Chaque film western soigneusement élaboré exalte la suprématie du bon cowboy et les tares de la sous race indienne, tandis que le bon américain représente toutes les vertus, on vend les scalps d'indiens, ceux des femmes et des enfants sont moins chers que ceux des hommes (Ted Mac Luhan).

Il était indispensable d'éliminer dans l'esprit des habitants des pays occupés, les mythes des chevaliers errants et des vrais samouraïs, si bien entretenus par les écrivains, comme Walter Scott, Alexandre Dumas, Jules Verne et tant d'autres. Hollywood étant l'outil nécessaire pour accompagner l'occupation effective d'une grande partie du monde. Bases militaires et bases commerciales ont eu raison en quelques dizaines d'années de toutes les réticences des nations vassales.

Tout cela, bien emballé et assaisonné de ketchup, arrosé de whisky et de Coca-Cola, pour les populations conquises mais non libérées d'Europe qui doivent ipso facto devenir des clients.

Buvez du Coca-Cola, mangez de la viande et du blé aux OGM, sinon vous serez punis comme l'ont été les nombreux dictateurs, sortis de nos studios spécialisés, qui ne voulaient plus défendre notre ordre mondial.

En relisant les nombreux livres dédiés à l'empire romain, on ne peut s'empêcher de faire un rapprochement avec les USA, il y a des similitudes troublantes.

Les USA, se croient invincibles et les missi dominici des dieux cachés encore dans les nuages.

Le mois prochain, mois de mai 2019, le cavalier de l'apocalypse à la chevelure flamboyante a décidé d'interdire à la communauté internationale l'achat de pétrole iranien et de continuer l'embargo vénézuélien. Par contre, le pétrole des USA est disponible partout.

Le Venezuela à la suite de cette mesure qui perdure est obligé d'importer du pétrole brut du Nigeria. L'impossibilité de procéder à la maintenance de ses installations terrestres et offshores à cause de cet embargo a réduit ce pays qui possède les plus grandes réserves pétrolières de la planète à cette extrémité.

Ce court récit semble la fin d'une longue histoire, mais ce n'est que le commencement d'une autre histoire où le Coca-Cola sera à jamais banni à bord de notre navire spatial.

Le compte à rebours a commencé.

D'Hippocrate à la médecine d'aujourd'hui

L'illustre protagoniste de la médecine d'alors avait avec les patients des relations humbles et particulières. L'écoute du patient était pour Hippocrate d'une importance vitale, de là, naissait le diagnostic.

Paracelse avait lui aussi ce modus operandi, suivant les pas de Gallien et d'Hippocrate, avec cependant des variantes, utilisant la langue vulgaire au lieu du latin qui était de rigueur ; il allait au-devant de ses malades, les visitaient à domicile, privilégiant l'aide de son art pour les nécessiteux.

Bien que supérieurement doué, Paracelse n'avait pas que des amis parmi ses confrères et ses contemporains, il préconisait une médecine à dimension humaine souvent en contradiction avec l'église et ses sphères d'influences. Les très riches payaient, les vrais pauvres ne payaient pas ou très peu.

Paracelse mourut ruiné, bien qu'étant à l'origine riche et noble ; laissant pour héritage sa grande épée qu'il portait toujours ainsi que des grimoires d'alchimie.

Nostradamus Médecin et astrologue pratiquait une médecine au service de tous, mais il ne heurtait pas de front l'église et les puissants, bien au contraire, ce qui lui permit d'accumuler une fortune considérable. Ses almanachs et recettes de confitures et de cuisine destinées au peuple consolidèrent sa réputation . La visite de Marie de Médicis à Salon de Provence le rendit célèbre dans toute l'Europe.

Depuis, la médecine a évolué, malgré des progrès indéniables, la médecine est devenue une industrie où l'intérêt du patient en tant que tel n'existe plus.

La formation universitaire pour cette profession est assez rudimentaire. Les candidats embrassent cette carrière sans avoir la passion nécessaire dans la majorité des cas. C'est un travail où le chômage n'existe pas et qui socialement a toujours un certain prestige.

Le médecin d'aujourd'hui, n'a plus la formation et le bagage humaniste de ses prédécesseurs, d'origines sociales diverses, parfois humbles, le diplôme en médecine est un ascenseur social pour beaucoup.

Le patricien est devenu ipso facto un prescripteur de médicaments au service des groupes pharmaceutiques. Les visites sont brèves et le patient est toujours orienté vers un spécialiste pour une série d'examens souvent inutiles mais couteux.

Tout ceci donne à la médecine un nom sans visage. Les hôpitaux sont la cible de toute la classe politique qui en use comme territoire privilégié d'influence. Les personnes âgées et pauvres sont tranquillement dirigées vers une mort rapide afin de libérer l'espace vital de ces usines médicales.

La greffe d'organes est devenue une industrie florissante, des abus , des crimes sont commis afin de s'approprier ces pièces de rechange pour le bénéfice des patients fortunés qui peuvent s'offrir à n'importe quel prix une révision générale.

Nous sommes loin du médecin de campagne qui visitait ses patients à cheval à vélo ou en voiture.

La mort n'est jamais considérée que comme une improbable éventualité dans le langage médical d'aujourd'hui ; ce qui démontre la velléité de la société actuelle qui elle est moribonde. Il n'y a pas de praticiens capables de guérir la grande maladie du

XXI siècle, l'imbécilité chronique qui a contaminé 90% des passagers de ce navire spatial.

Le livre de Jules Romains, Dr. Knock faisait sourire, il est devenu une réalité.

Le loup des villes et le loup des champs

Cette semaine de fin mai 2019, en France il a été décidé d'augmenter le pourcentage des loups à abattre à 15% . Le loup des champs et des forêts étant responsable de vouloir s'alimenter au détriment des éleveurs de bétail ; tandis que l'on trouve normal de payer 4.95 € pour un jeune veau à un éleveur du Morbihan en mai de cette année, on continue d'attiser l'attention du public sur le grand méchant loup.

Pendant ce temps, dans les villes l'invasion du loup à deux pattes venu du Maghreb et de l'Afrique, augmente chaque jour. Le loup des villes est devenu une espèce protégée ainsi que ses enfants ; il prolifère chaque jour grâce aux aides de l'état .

L'industrie du loup des villes va de la fabrication de bombes à l'assassinat des chrétiens on ne peut lui donner la chasse et le vendredi le loup des villes prie pour que cette situation perdure. On ne peut même le nommer ce qui pourrait constituer un crime.

Ces vingt dernières années en Europe, le loup des villes a assassiné des centaines de personnes, voitures piégées en particulier, comme à Nice où plus de 100 personnes trouvèrent la mort. Le loup des champs, lui n'étant pas assisté par l'état en permanence n'a tué personne, il a mangé quelques moutons et quelques poules.

Le loup des villes en outre, peut chanter en montrant les dents , la chanson : je nique la France et les Français, je veux égorger ses enfants et baiser ses femmes, je me torche le cul avec leur drapeau. Les loups des villes ont parfois la gloire des ondes radio, en l'occurrence Nick Conrad, condamné avec sursis en mai 2019, à 5.000. € d'amende pour les paroles de sa chanson ci-dessus. Ce bon loup des villes Nick Conrad a fait appel à ce verdict pour racisme, étant Africain et noir, Dans toute l'Europe, la dynamique est d'ailleurs la même sur ce sujet.

D'une certaine manière, les politiciens de tous bords et de tous les pays, protecteurs du loup des villes ont un point commun avec lui, ils ne risquent aucun quota d'élimination et commettent des crimes silencieux dont ils ne sont jamais punis, mais ils décrètent la mort du loup, du renard, de l'ours de tant d'autres créatures .

Ce 8 juin, pendant que le cavalier de l'apocalypse venu célébrer les 75 ans de l'invasion USA et sa mainmise sur l'Europe, appelée en langage courant libération de l'Europe , les journaux hurlent aux crimes commis par les loups des champs qui sont au nombre de 530 recensés officiellement.

A l'école ou ce qu'il en reste, le poème d'Alfred de Vigny , la mort du loup est presque inconnu. Pendant ce temps, le loup des villes célèbre la fin de son jeûne, se préparant à l'accueil de ses semblables sur les rivages de l'Europe bientôt en flamme.

Raymond Chatanay

Index

Youcanprint
Finito di stampare nel mese di luglio 2019